Bauer
Boltes
bestes Gemüse

Bauer Boltes bestes Gemüse

Vegetarische Rezepte für Nordlichter

Illustriert von Julia Beutling

Carl Schünemann Verlag

Inhalt

Salate 6

Suppen 18

Für jeden Tag 40

Für Sonntage 82

Aus dem Obstgarten 100

Frisch vom Feld – ein regionaler Saisonkalender 122

Register 124

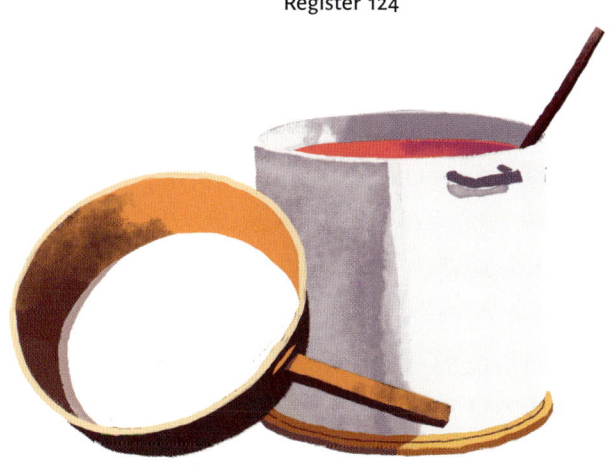

Alle Rezepte mit Mengenangaben für 4 Personen.

Salate

Einfacher Möhrensalat

500 g Möhren
250 g Äpfel
2 EL Zitronensaft
1 EL Rapsöl
Zucker
Salz

nach Belieben: Sonnenblumenkerne

- Möhren schälen und mit einer Reibe grob raspeln.
- Äpfel ebenfalls schälen und grob reiben, mit den Möhren vermengen.
- Zitronensaft mit Salz, Zucker und Öl verrühren und über den Salat geben.
  Gründlich vermengen, abschmecken und kurz durchziehen lassen.

Nach Belieben Sonnenblumenkerne in einer Pfanne anrösten
und vor dem Servieren über den Salat geben.

Radieschen beweisen: So hübsch kann gesund sein! Die knallige Knolle ist ein echter Hingucker und zudem lecker und gesund. Der kleine Rettich beinhaltet diverse Stoffe, die (wie bei anderen Rettichen auch) antibiotisch und entgiftend wirken, zudem das Krebs- und Diabetesrisiko reduzieren – und dazu auch noch richtig gut schmecken! Essbar ist übrigens auch das Grün!

Kartoffel-Radieschen-Salat

1 kg Kartoffeln
1 Zwiebel
200 ml Gemüsebrühe
4 EL Obstessig
1 EL körniger Senf
250 g Radieschen
80 g Rauke
0,5 Bund Schnittlauch
3 EL Rapsöl
Salz & Pfeffer

- ◆ Kartoffeln ungeschält 20 Minuten kochen.
- ◆ Derweil die Zwiebel pellen und fein würfeln, in die Gemüsebrühe geben und 5 Minuten ziehen lassen. Essig und Senf unterrühren, mit Salz und Pfeffer abschmecken.
- ◆ Radieschen putzen und in Scheiben schneiden. Rauke waschen und trocknen. Schnittlauch waschen, trocknen und in Röllchen schneiden.
- ◆ Kartoffeln noch warm pellen und in Scheiben schneiden. Marinade zugeben und vermengen. Etwa 30 Minuten ziehen lassen.
- ◆ Radieschen, Rauke und Schnittlauch zugeben, mit dem Rapsöl unter den Salat mengen und nochmals abschmecken.

Lauwarmer Spargelsalat mit dicken Bohnen

1 unbehandelte Zitrone
1 kg Spargel
150 g dicke Bohnen
4 EL Olivenöl
4 EL Traubenkernöl
Parmesan

0,5 Bund Kerbel
etwas Estragon
Zucker
Salz & Pfeffer

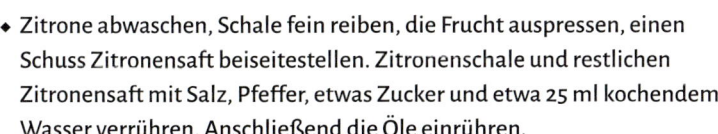

- Zitrone abwaschen, Schale fein reiben, die Frucht auspressen, einen Schuss Zitronensaft beiseitestellen. Zitronenschale und restlichen Zitronensaft mit Salz, Pfeffer, etwas Zucker und etwa 25 ml kochendem Wasser verrühren. Anschließend die Öle einrühren.
- Spargel schälen und holzige Teile abschneiden.
- Dicke Bohnen für 2 Minuten in kochendes Salzwasser geben, dann mit kaltem Wasser abschrecken, abtropfen lassen. Haut abziehen.
- Spargel in leicht gesalzenem und gezuckertem Wasser zum Kochen bringen, den Schuss Zitronensaft zugeben. 15 Minuten köcheln lassen.
- Kerbel und Estragon putzen, trocknen und fein hacken, dann zur Soße geben.
- Spargel noch warm anrichten, dicke Bohnen darauf verteilen. Soße darüber geben und alles mit gehobeltem Parmesan bestreuen.

Queller ist ein Salzgewächs, das in den Wattgebieten
der Nordsee zu finden ist. Die Pflanze hat daher einen salzigen,
aber auch leicht pfeffrigen Geschmack. Queller, auch Salicorne
oder manchmal Meeresspargel genannt, ist leider nicht
überall zu bekommen, es lohnt sich, beim Fischhändler oder
in Feinkostläden zu fragen.

Queller-Salat

600 g Queller
2 Knoblauchzehen
12 EL Olivenöl
12 EL Balsamico-Essig
Pfeffer

- ◆ Queller etwa 3 Stunden wässern, Wasser zwischendurch mehrmals wechseln.
- ◆ Queller trocknen und in etwa 5 cm lange Stücke schneiden. Knoblauch pellen und in dünne Scheiben schneiden. Zum Queller geben.
- ◆ Olivenöl und Balsamico-Essig vermischen und mit dem Queller vermengen. Salat 2 Stunden ziehen lassen.
- ◆ Nochmals durchmischen und vorsichtig mit Pfeffer abschmecken.

Kohlrabisalat
an Kresseschmand

4 Eier
2 Kohlrabi
1 Bund Radieschen
100 g Rauke
3 EL Öl
2 EL Weißweinessig
250 g Schmand
150 g Joghurt
Kresse
Zucker
Salz & Pfeffer

- Eier hart kochen, abschrecken, pellen und halbieren.
- Kohlrabi schälen und stifteln. Radieschen putzen und in dünne Scheiben schneiden. Rauke waschen, trocknen und kleinzupfen.
- Öl und Essig mit Salz, Pfeffer und etwas Zucker vermischen, anschließend alle Zutaten vermengen
- Schmand und Joghurt verrühren, mit Salz und Pfeffer würzen. Kresse klein schneiden und zugeben.
- Salat auf Teller verteilen, mit den Eihälften anrichten und zuletzt den Kresse-Schmand darübergeben.

Suppen

Erbsen

Erbsen gehören zu den ältesten Kulturpflanzen der Welt. In Deutschland weisen archäologische Funde auf einen Anbau bereits vor 5000 v. Chr. hin. Die Erbse galt lange als Fruchtbarkeitsbringer, weshalb man sowohl Brautpaare mit getrockneten Erbsen bewarf als auch Schweine mit Erbsen fütterte oder sogar Säckchen mit Erbsen für eine reiche Ernte an Bäumen befestigte.

Einfache Erbsensuppe

600 g Kartoffeln
4 Zwiebeln
200 g Möhren
1,5 l Gemüsebrühe
700 g Erbsen
Butter
Salz & Pfeffer

- Kartoffeln schälen und würfeln. Zwiebeln pellen, Möhren schälen, beides fein würfeln. Zwiebeln und Möhren in etwas Butter glasig dünsten, dann die Kartoffeln zufügen.
- Gemüsebrühe zugeben und zum Kochen bringen. 8 Minuten köcheln lassen. Erbsen in die Suppe geben und weitere 3 Minuten kochen.
- Einen Teil der Suppe abschöpfen, den Rest pürieren, den entnommenen Teil wieder zufügen. Je nach Mischungsverhältnis wird die Suppe sämiger oder flüssiger.
- Noch einmal aufkochen und mit Salz und Pfeffer abschmecken.

Kartoffelsuppe

800 g Kartoffeln
2 Zwiebeln
1 Stange Lauch
1 l Gemüsebrühe
100 g Schlagsahne
Butter
Majoran
Salz & Pfeffer

nach Belieben: Tabasco, Pilze, Möhren, Petersilie

- ◆ Kartoffeln schälen und grob würfeln. Zwiebeln pellen und fein würfeln. Lauch putzen und in Scheiben schneiden.
- ◆ Zwiebelwürfel und Lauchringe in etwas Butter glasig dünsten, dann Kartoffelwürfel und Brühe zugeben. Zugedeckt etwa 20 Minuten köcheln.
- ◆ Suppe kurz pürieren, dann die Sahne zugeben. Mit Salz, Pfeffer und etwas Majoran abschmecken.

Nach Belieben vor dem Servieren noch einen Schuss Sahne oder auch Tabasco in die Suppe geben. Als weitere Einlage eignen sich auch angebratene Möhren oder Pilze, die vor dem Servieren in die Suppe gestreut werden können, ebenso gehackte Petersilie.

Rote-Bete-Suppe

300 g Kartoffeln
2 Zwiebeln
1,5 l Gemüsebrühe
800 g gegarte Rote Bete
6 EL saure Sahne
2 TL Meerrettich
2 EL Schnittlauch
Öl
etwas Obstessig
Salz & Pfeffer

- ◆ Kartoffeln schälen und würfeln. Zwiebeln pellen, fein würfeln und in etwas Öl glasig dünsten. Kartoffeln und die Gemüsebrühe zugeben, kurz aufkochen und bei mittlerer Hitze 15 Minuten zugedeckt köcheln lassen.
- ◆ Derweil Rote Bete würfeln, Schnittlauch in Röllchen schneiden. Saure Sahne, Meerrettich und Schnittlauch verrühren.
- ◆ Rote-Bete-Würfel zur Suppe geben. Die Suppe fein pürieren. Mit Salz und Pfeffer würzen und mit einem Spritzer Obstessig abschmecken.
- ◆ Vor dem Servieren einen EL der sauren Sahne in die Suppe geben.

Spinat ist ein echt starkes Gemüse, das weiß seit Popeye jedes Kind. Der grüne Klassiker kam im Mittelalter aus Persien nach Europa und ist heute aus der heimischen Küche nicht mehr wegzudenken. Zu Recht, denn das Gemüse ist unglaublich gesund. Und wer richtig viel Spinat isst, der wird wirklich stark, dafür sorgen die enthaltenen Nitrate, die das Muskelwachstum stärken – so sehr, dass es im Profisport sogar schon Diskussionen über Doping gab …

Spinatcremesuppe

500 g Blattspinat
2 große Kartoffeln
2 Zwiebeln
2 Knoblauchzehen
1 l Gemüsebrühe
4 EL Crème fraîche
2 EL Zitronensaft
Butter
Salz & Pfeffer

- Spinat putzen, Stiele entfernen und Blätter grob hacken. Zum Garnieren einige Blätter beiseitelegen.
- Kartoffeln schälen und würfeln. In 250 ml Gemüsebrühe köcheln lassen.
- Zwiebeln und Knoblauch pellen, beides in dünne Scheiben schneiden, in etwas Butter andünsten. Den gehackten Spinat zugeben und zusammenfallen lassen. Dann die restliche Gemüsebrühe sowie die Kartoffeln zugeben. Etwa 5 bis 10 Minuten köcheln lassen. Anschließend die Suppe pürieren und mit Zitronensaft, Salz und Pfeffer abschmecken.
- Crème fraîche entweder einrühren oder jeweils einen Klecks auf jeden Teller geben. Vor dem Servieren mit den vorbereiteten Spinatblättern garnieren.

Möhrensuppe mit Sanddorn

400 g Sanddorn
1 kg Möhren
1 Stange Lauch
2 Äpfel
Rapsöl
Salz & Pfeffer
nach Belieben: Sahne

- Sanddorn waschen und mit einem Schuss Wasser pürieren. Das Püree durch ein Sieb streichen.
- Lauch putzen und in Scheiben schneiden. Äpfel und Möhren schälen und ebenfalls in Stücke schneiden.
- Lauch-, Apfel- und Möhrenstücke kurz in etwas Öl anbraten, dann mit etwa 1,5 l Wasser ablöschen. Mit Salz und Pfeffer würzen, 15 Minuten leicht köcheln lassen.
- Die Suppe pürieren und die Sanddornmasse zugeben. Nach Belieben etwas Sahne unterrühren.

Der **Holunder**, auch schwarzer Flieder genannt, ist eine ganz besondere Pflanze, der früher zahlreiche magische Kräfte zugesprochen wurden. Ein Holunderstrauch am Haus sollte vor Blitzeinschlag, Feuer und schwarzer Magie schützen. Um die in ihm lebenden guten Geister nicht zu vertreiben, wurden die Büsche nicht beschnitten. Die leckeren säuerlichen Früchte sollte man übrigens nur reif und gekocht genießen, da sie sonst Durchfall und Erbrechen auslösen können.

Fliederbeersuppe mit Grießklümpjes

750 ml Fliederbeersaft (Holunder)
100 g Zucker
2 Gewürznelken
1 Stange Zimt
2 EL Speisestärke
2–3 Äpfel
150 g Hartweizengrieß
1 Pck. Vanillezucker
0,5 l Milch
5 TL Zucker
1 Ei

- Für die Klümpjes Milch zum Kochen bringen, Grieß, Zucker und Vanillezucker nach und nach einrühren, bis die Masse fester wird. Topf vom Herd nehmen und das Ei unterrühren. Masse in eine Schüssel füllen, abkühlen und fest werden lassen.
- Für die Suppe Fliederbeersaft mit dem Zucker aufkochen. Zimt und Nelken zugeben. Speisestärke mit 300 ml Wasser anrühren, den Saft damit binden.
- Äpfel schälen und würfeln. Apfelstückchen kurz in der Suppe erhitzen.
- Aus der Grießmasse die Klümpjes formen und in die warme Suppe geben.

Feine Erbsen-Minz-Suppe

1 Zwiebel
500 g Erbsen
500 ml Gemüsebrühe
250 ml Sahne
0,5 Bund Minze
etwas Butter
Zitronensaft
Zucker
Salz & Pfeffer

- Zwiebel pellen und würfeln. In etwas Butter glasig dünsten. 350 g Erbsen sowie die Gemüsebrühe und die Sahne zugeben. Zugedeckt etwa 10 Minuten kochen lassen.
- Minze waschen, trocknen und die Blätter hacken, ggf. einige Blätter zum Dekorieren beiseitelegen. Gehackte Minze zur Suppe geben und alles pürieren. Mit einem Schuss Zitronensaft, einer Prise Zucker, Salz und Pfeffer abschmecken.
- Restliche Erbsen zur Suppe geben und nochmals 5 Minuten kochen lassen. Vor dem Servieren mit Minze garnieren.

Spargelcremesuppe

600 g Spargel
1 TL Honig
4 Schalotten
1 Kartoffel
1 Lorbeerblatt
Muskatnuss
Pfeffer

100 ml Weißwein
4 Stiele Petersilie
2 EL Joghurt
75 g Schlagsahne
Butter
Salz

- Spargel schälen und holzige Enden abschneiden. Schalen und Enden mit etwas Salz und Honig in einen Topf mit 800 ml Wasser geben. Kurz aufkochen, 20 Minuten ziehen lassen.
- Derweil die Spargelspitzen abtrennen und beiseitelegen, die Stangen in kleine Stücke schneiden. Schalotten und Kartoffel schälen und würfeln.
- Schalotten, Kartoffel und Spargelstücke in 2 EL Butter kurz andünsten. Lorbeer zugeben und alles mit Muskat, Salz und Pfeffer würzen. Dann mit Wein ablöschen und diesen etwa 3 Minuten einköcheln lassen.
- Den Spargelfond durch ein feines Sieb zugießen, die Suppe so bei kleiner Hitze 20 Minuten köcheln lassen.
- In der Zwischenzeit Petersilie waschen, trocknen und fein hacken. Spargelspitzen in 2 EL Butter kurz anbraten.
- Joghurt und Sahne zur Suppe geben und alles pürieren, mit Salz und Pfeffer abschmecken.
- Vor dem Servieren einen Teil der Spargelspitzen zur Suppe geben und mit etwas Petersilie bestreuen. Nach Belieben Pfeffer darübergeben.

Im Norden ist gut **Kirschen** essen!
Denn das Alte Land bietet eine riesige Auswahl an Sorten,
darunter auch viele historische. Einige Sorten gibt es
sogar nur dort, da sie speziell an Boden und Klima des Alten
Landes angepasst sind. Bereits im Mittelalter wurden hier
Kirschen angebaut, man nannte die Obstbauern sogar den
Altländer Kirschenadel. Heute werden auf 6 Prozent des
Gebiets Kirschen angebaut.

Kirschsuppe
mit Grießklümpjes

500 g Kirschen
1 unbehandelte Zitrone
2 EL Speisestärke
3 EL Zucker
1 Pck. Vanillezucker
250 ml Milch
70 g Grieß
20 g Zucker
Salz
1–2 Eigelb

- Kirschen entsteinen und mit 300 ml Wasser sowie einem Stück Zitronenschale zum Kochen bringen. Etwa 5 Minuten köcheln lassen. Speisestärke in 100 ml Wasser auflösen. Zitronenschale herausnehmen und die Suppe mit der Speisestärke binden. Zucker und Vanillezucker einrühren. Dann die Suppe erkalten lassen, dabei ab und zu umrühren.
- Milch zum Kochen bringen, Grieß, Zucker und eine Prise Salz langsam unterrühren. Ein paar Minuten kochen lassen, derweil Eier trennen, ein paar EL der Suppe abschöpfen und das Eigelb damit vermengen. Die Suppe vom Herd nehmen und sofort die Eigelbmasse langsam unterrühren.
- Reichlich Wasser in einem großen Topf zum Kochen bringen. Aus der Grießmasse kleine Klümpjes formen und diese ins kochende Wasser geben. Etwa fünf Minuten ziehen lassen, abschöpfen, abtropfen und in die Suppe geben.

Petersiliencremesuppe

3 Bund glatte Petersilie
1 Schalotte
750 ml Gemüsebrühe
1 kg Petersilienwurzel
450 ml Schlagsahne

4 Stück Ziegenkäse à 20 g
Butter
Cayennepfeffer
Salz & Pfeffer

- Petersilie putzen, einige Stiele trocknen und fein hacken. Die restliche Petersilie kurz in kochendem Salzwasser blanchieren, mit kaltem Wasser abschrecken, trocknen und grob hacken.
- Schalotte pellen und fein würfeln, die Petersilienwurzeln schälen und grob würfeln. Schalotte in etwas Butter glasig dünsten, mit Gemüsebrühe ablöschen. Petersilienwurzeln zugeben und 30 bis 35 Minuten weich kochen. Dann 300 ml Sahne zugeben, kurz aufkochen und vom Herd nehmen. Etwas abkühlen lassen, pürieren und zuletzt durch ein Sieb streichen.
- 200 ml der hellen Suppe abfüllen, die blanchierte Petersilie zugeben und die Suppe nochmals pürieren. Mit Cayennepfeffer würzen und noch einmal durch ein Sieb streichen.
- Beide Suppen nochmals erhitzen. Derweil 150 ml Sahne steif schlagen. 3 EL der Sahne unter die weiße Suppe heben, 1 EL unter die grüne Suppe. Beide Suppen mit Salz und Pfeffer abschmecken.
- Zum Servieren zuerst die helle Suppe in die Teller geben, dann mittig langsam die grüne Suppe hineinlaufen lassen. Den Ziegenkäsetaler mit einer Seite in die fein gehackte Petersilie legen, kurz andrücken und mit der Petersilien-Seite nach oben in die Suppe geben.

Für jeden Tag

Schnüsch

250 g frische Erbsen
250 g grüne Bohnen
250 g dicke Bohnen
250 g Möhren
250 g Kartoffeln
750 ml Milch
100 g Butter
1 Bund glatte Petersilie
Salz

- ◆ Grüne Bohnen putzen und in kleine Stücke brechen. Erbsen, grüne Bohnen und dicke Bohnen in reichlich Salzwasser 15 Minuten zugedeckt köcheln lassen.
- ◆ Möhren und Kartoffeln schälen, in Scheiben schneiden und zugeben. Zugedeckt 20 Minuten garen. Anschließend das Gemüse aus der Flüssigkeit nehmen und warmstellen.
- ◆ Milch, Butter und fein gehackte Petersilie aufkochen und über das Gemüse gießen. Sofort servieren.

Kartoffel-Wirsing-Pfanne

600 g Kartoffeln
700 g Wirsing
1 TL Kümmel
1 Bund Petersilie
2 Eier
150 g Ziegenfrischkäse

250 g Sahnequark
1 TL Weißweinessig
Rapsöl
Olivenöl
Butter
Salz & Pfeffer

nach Belieben:
Schnittlauch zum Garnieren

- Kartoffeln ungeschält 20 Minuten kochen.
- Den Wirsing putzen und in Streifen schneiden. In etwas Öl 5 Minuten anbraten. Den Kümmel zugeben, mit Salz und Pfeffer würzen. Petersilie waschen, trocknen und hacken, dann ebenfalls unterrühren. Den Wirsing abkühlen lassen.
- Die gekochten Kartoffeln abkühlen lassen, pellen, grob raspeln und zum Wirsing geben. Die Eier ebenfalls zugeben und alles vermengen. Mit Salz und Pfeffer würzen. Je 2 EL Olivenöl und Butter erhitzen und die Masse kurz anbraten, anschließend bei 200 °C für 20 Minuten im Ofen backen.
- Derweil den Ziegenfrischkäse mit dem Quark verrühren, mit Salz, Pfeffer und Essig abschmecken.
- Kartoffel-Wirsing-Pfanne mit dem Dip servieren, nach Belieben mit etwas frischem Schnittlauch garnieren.

Rote Bete auf dem Teller sorgt im wahrsten

Sinne des Wortes für gute Laune! Denn nicht nur farblich und geschmacklich ist die Rübe ein wahres Highlight, sie enthält tatsächlich auch Betain, das ein natürlicher Stimmungsaufheller ist und den Spiegel des Glückshormons Serotonin erhöht. Sie enthält zudem weitere wichtige Stoffe, die am besten aufgenommen werden können, wenn die Bete roh gegessen wird. Empfehlenswert ist auch die Verarbeitung der ebenso gesunden, leckeren und hübschen Blätter.

Rote-Bete-Püree
mit Ei

500 g Kartoffeln
500 g Rote Bete
3 Zwiebeln
8 Eier
Butter
Öl
Muskatnuss
Salz & Pfeffer

- Kartoffeln und Rote Bete schälen, würfeln und in reichlich Salzwasser 20 Minuten gar kochen.
- Derweil die Zwiebeln in Ringe schneiden. In einer Pfanne mit etwas Butter und etwas Öl kross goldbraun anbraten.
- Eier in die Pfanne geben und kross braten, mit Salz und Pfeffer würzen.
- Inzwischen das Gemüse abgießen, 4 EL Butter zufügen und alles grob stampfen. Mit Salz, Pfeffer und Muskat würzen.
- Das Püree mit Zwiebeln und Spiegeleiern anrichten und mit Pfeffer bestreut servieren.

Grünkohl-Wirsing-Gemüse mit Meerrettich

450 g Grünkohl
600 g Wirsing
1 Zwiebel
300 ml Schlagsahne
Butter
Muskatnuss
Salz & Pfeffer
frischer Meerrettich

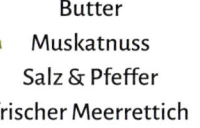

- Grünkohl und Wirsing putzen und in Streifen schneiden. In reichlich Salzwasser 15 Minuten blanchieren, kalt abschrecken und abtropfen lassen.
- Die Zwiebel pellen und fein würfeln. In etwas Butter glasig andünsten. Die Sahne zugeben und kurz köcheln lassen. Mit Salz, Pfeffer und einer Prise Muskat abschmecken. Grünkohl und Wirsing zugeben und nochmals erhitzen.
- Meerrettich reiben und vor dem Servieren über das Essen geben.

Kartoffeln

Kartoffeln sind aus der heimischen Küche kaum noch wegzudenken, dabei werden sie in Deutschland erst seit dem 18. Jahrhundert kultiviert. Doch Kartoffel ist nicht gleich Kartoffel: Weltweit gibt es rund 7.000 Kartoffelarten, unterschieden wird vor allem zwischen fest und mehlig kochenden Kartoffeln. Aber egal welche, gelagert werden sollten Kartoffeln möglichst dunkel, da Helligkeit die Bildung grüner Stellen befördert. Diese sollten vor der Zubereitung unbedingt großzügig entfernt werden, da sie Solanin, ein natürliches Nervengift, enthalten.

Kartoffelsalat

1 kg Kartoffeln
etwas Essig
3 EL Öl
Zwiebel
Zucker
Salz

nach Belieben: saure Sahne, Mayonnaise, Kräuter, Eier,
Radieschen, saure Gurken, Nüsse o. ä.

- Kartoffeln ungeschält 20 MInuten kochen, dann etwas abkühlen lassen. Pellen und in Scheiben schneiden. Eine kleine Menge kochendes Wasser darüber geben und mit den übrigen Zutaten vermischen.
- Vor dem Servieren mehrere Stunden oder über Nacht gut durchziehen lassen.

Dieses Grundrezept kann nach Geschmack und Belieben ergänzt
werden, zum Beispiel mit saurer Sahne oder Mayonnaise.
Für einen frischen Kartoffelsalat bieten sich Kräuter oder zerkleinerte
Radieschen an. Etwas herzhafter wird der Salat zum Beispiel
mit gewürfelten hart gekochten Eiern und in Scheiben
geschnittenen sauren Gurken.

Gemüsekuchen mit Steckrüben und Lauch

200 g Mehl
80 g Butter
6 EL Milch
3 Eier
200 g Steckrübe
1 Lauchstange

100 ml Sahne
100 ml Milch
200 g Käse
Gemüsebrühe
Öl
Salz & Pfeffer

- Mehl, Butter, 1 Ei und Milch zu einem Teig verkneten.
- Steckrübe schälen und reiben, den Lauch putzen. Beides mit etwas Öl kurz andünsten. Mit Salz und Pfeffer würzen.
- Den Teig in eine gefettete Springform geben, auf dem Boden verteilen und einen Rand formen. Das Gemüse darauf verteilen.
- Milch, Sahne und 2 Eier verquirlen, etwas Gemüsebrühepulver zugeben. Über das Gemüse geben.
- Bei 185 °C für 25 Minuten im Ofen backen. Kurz aus dem Ofen nehmen und den geriebenen Käse über den Gemüsekuchen geben, dann weitere 20 Minuten backen.

Labskaus
ohne Fleisch und Fisch

600 g Rote Bete
800 g Kartoffeln
4 Zwiebeln
370 g Gewürzgurken
2 TL Meerrettich

8 Eier
40 g Butter
Öl
Salz & Pfeffer
nach Belieben:
Kräuter

- ◆ Rote Bete und Kartoffeln ungeschält 20 Minuten kochen, etwas abkühlen lassen.
- ◆ 4 Eier hart kochen, pellen und würfeln.
- ◆ Zwiebeln pellen und in feine Streifen schneiden. In etwas Öl 15 Minuten bräunen.
- ◆ Die übrigen 4 Eier zu Spiegeleiern verarbeiten, mit Salz und Pfeffer würzen.
- ◆ Rote Bete pellen und zur Hälfte grob reiben, den Rest fein würfeln. 150 g Gurken ebenfalls raspeln, die restlichen würfeln.
- ◆ Kartoffeln pellen und grob stampfen, die geraspelten Zutaten zugeben. Mit einem Schuss des Gurkenwassers vermengen und die Masse cremig rühren. Butter zugeben. Zuletzt die Eierwürfel und etwa die Hälfte der Gurkenwürfel untermengen. Mit Salz, Pfeffer und Meerrettich abschmecken.
- ◆ Das Püree auf einen Teller geben, Spiegelei, geröstete Zwiebeln, Rote-Bete- und Gurkenwürfel dazu anrichten, nach Belieben mit Kräutern bestreuen.

Der **Kohlrabi** ist, auch wenn seine Ursprünge heute im Dunklen liegen, ein urdeutsches Gemüse. Das zeigt sich auch daran, dass der deutsche Name auch ins britische und amerikanische Englische, ins Spanische, Japanische und Russische übernommen wurde. Angebaut wird er in Deutschland nachweislich allerdings erst seit dem 16.Jahrhundert. Die Passion für Kohlrabi ist auf jeden Fall verständlich, er ist sehr gesund und gilt aufgrund seines hohen Magnesiumgehalts als echter Stressblocker.

Kohlrabi-Reis mit Pinienkernen

800 g Kohlrabi
1,3 l Gemüsebrühe
2 Zwiebeln
300 g Risottoreis
150 ml Weißwein
2 EL Pinienkerne

1 Bund glatte Petersilie
Olivenöl
Butter
Pfeffer
60 g Parmesan

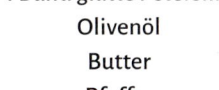

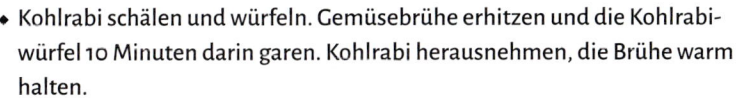

- Kohlrabi schälen und würfeln. Gemüsebrühe erhitzen und die Kohlrabiwürfel 10 Minuten darin garen. Kohlrabi herausnehmen, die Brühe warm halten.
- Die Pinienkerne rösten. Petersilie waschen, trocknen und fein hacken.
- Zwiebeln pellen und fein würfeln, in etwas Öl kurz andünsten, den Reis zugeben und ebenfalls glasig andünsten. Mit dem Wein ablöschen, diesen verkochen lassen. Nach und nach die Brühe zugeben, sodass der Reis stets bedeckt ist. Bei mittlerer Hitze unter stetigem Rühren 20 Minuten garen.
- Kohlrabi unter den fertigen Reis heben. Etwas Pfeffer zugeben, etwas Butter und Parmesan unterrühren.
- Vor dem Servieren mit Petersilie und Pinienkernen bestreuen.

Heringssalat ohne Fisch

500 g Rote Bete (aus dem Glas)
1 großer Apfel
1 Zwiebel
4 Gewürzgurken
150 g Schmand
150 g Naturjoghurt
Zucker oder Agavendicksaft
Zitronensaft
Salz & Pfeffer

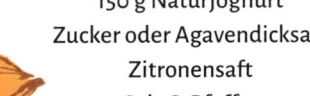

- Schmand und Joghurt vermengen, mit Salz und Pfeffer würzen. Einen Schuss Rote-Bete-Sud zufügen.
- Apfel schälen und würfeln. Zwiebel pellen und fein würfeln. Rote Bete und Gewürzgurken ebenfalls würfeln.
- Alles miteinander vermengen und mit Salz, Pfeffer, einer Prise Zucker oder etwas Agavendicksaft sowie einem Schuss Zitronensaft abschmecken.

Dazu passen Pellkartoffeln.

Grünkohl ist in Norddeutschland nicht nur Speise, sondern geradezu Kultur. Verständlich, denn das Wintergemüse ist ein richtiges Superfood. Um alle der zahlreichen Nähr- und Vitalstoffe wirklich aufnehmen zu können, sollte der Kohl am besten roh verarbeitet werden, weshalb er sich weltweit großer Beliebtheit in Smoothies oder Salaten erfreut. Zugegeben, in der traditionellen Zubereitung gehen einige wertvolle Stoffe verloren, nichtsdestotrotz ist und bleibt der Grünkohl auch dann vor allem eins: superlecker!

Grünkohl-Lasagne

1 kg Grünkohl
2 Zwiebeln
2 Dosen Tomaten
125 ml Gemüsebrühe
1 EL Mehl
2 TL Oregano
1 TL Basilikum

1 EL Sojasoße
Lasagneplatten
100 g Käse (gerieben)
Butter
Olivenöl
Muskatnuss
Salz & Pfeffer

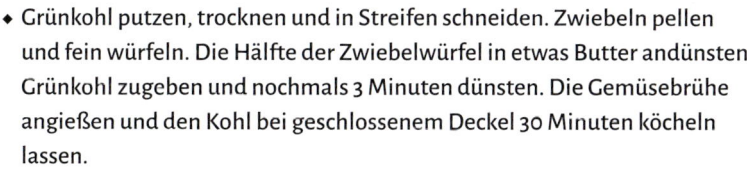

- Grünkohl putzen, trocknen und in Streifen schneiden. Zwiebeln pellen und fein würfeln. Die Hälfte der Zwiebelwürfel in etwas Butter andünsten. Grünkohl zugeben und nochmals 3 Minuten dünsten. Die Gemüsebrühe angießen und den Kohl bei geschlossenem Deckel 30 Minuten köcheln lassen.
- Derweil die restlichen Zwiebelwürfel in etwas Olivenöl glasig dünsten. Mehl darüber geben und kurz anschwitzen. Die Tomaten zugeben, Oregano und Basilikum hinzufügen. Die Tomatensoße aufkochen und 5 Minuten köcheln lassen. Mit Salz und Pfeffer abschmecken.
- Den Kohl abgießen und mit Pfeffer, Muskat und Sojasoße abschmecken.
- Auflaufform fetten, einen Teil der Grünkohlmasse hineingeben und mit Lasagneplatten belegen. Diese mit Tomatensoße bedecken und erneut Grünkohl, Lasagneplatten und Tomatensoße einfüllen. Auf die letzte Schicht Tomatensoße den geriebenen Käse verteilen.
- Bei 175 °C für 45 Minuten in den Ofen geben.

Fruchtiges Kartoffelpüree mit Äpfeln oder Rhabarber

750 g Kartoffeln
1 kg Äpfel oder
500 g Rhabarber
Zucker
Butter

Salz
Zitronensaft
nach Belieben:
Zwiebeln oder
Nüsse

- Kartoffeln schälen und 20 Minuten kochen.
- Derweil Äpfel schälen und in 500 ml Wasser weich kochen.
- Die gekochten Kartoffeln stampfen und mit Salz und etwas Butter abschmecken. Die Äpfel ebenfalls zerstampfen oder durch ein Sieb streichen, mit etwas Zucker abschmecken.
- Die Kartoffel- und die Apfelmasse mischen und mit etwas Zitronensaft abschmecken.

Nach Belieben kann das Püree mit gebratenen Zwiebelwürfeln
oder gehackten und gerösteten Nüssen serviert werden.
Alternativ zu den Äpfeln kann das fruchtige Kartoffelpüree auch mit
Rhabarber zubereitet werden. Dazu den Rhabarber putzen
und in 250 ml Wasser weich kochen, dann wie
die Äpfel weiterverarbeiten.

Auflauf aus Möhren und Kohlrabi mit Kräuterquark

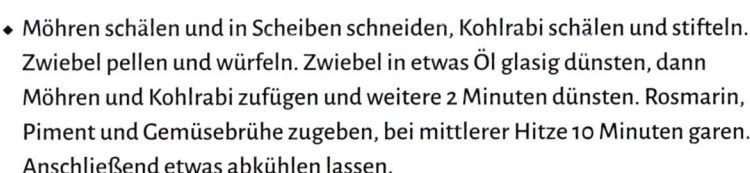

3 große Möhren
1 Kohlrabi
1 Zwiebel
2 Zweige Rosmarin
4 Pimentkörner
100 ml Gemüsebrühe
4 Eier
500 g Quark

10 EL Milch
100 g italienische Kräuter (TK)
60 g Sonnenblumenkerne
Öl
Salz & Pfeffer

- Möhren schälen und in Scheiben schneiden, Kohlrabi schälen und stifteln. Zwiebel pellen und würfeln. Zwiebel in etwas Öl glasig dünsten, dann Möhren und Kohlrabi zufügen und weitere 2 Minuten dünsten. Rosmarin, Piment und Gemüsebrühe zugeben, bei mittlerer Hitze 10 Minuten garen. Anschließend etwas abkühlen lassen.
- Derweil die Eier mit Quark, Milch und den Kräutern in einer Schüssel verrühren. Mit Salz und Pfeffer würzen, dann Möhren und Kohlrabi untermischen. Die Masse in eine Auflaufform geben. Bei 180 °C etwa 25 Minuten im Ofen backen.
- Die Sonnenblumenkerne in einer Pfanne rösten und vor dem Servieren über den Auflauf streuen.

Wenn endlich wieder Spargel-Zeit ist, steht der Speiseplan für die nächsten Wochen oft fest. Dabei kennen die meisten wohl nur die Triebe – die je nach Ernte weiß, violett oder grün sind. Die Früchte der wildwachsenden Spargelpflanze sind rot und leicht giftig. Schon lange vor der Kultivierung zum Nahrungsmittel wurde Spargel als Heilpflanze eingesetzt – vom alten Ägypten über Indien bis nach China –, heute hat auch die Wissenschaft zahlreiche positive Auswirkungen des Spargels auf die Gesundheit nachgewiesen.

Spargel-Kartoffel-Gratin

800 g Spargel
1 kg Kartoffeln
2 Eier
400 ml Milch
200 g geriebenen Käse
Butter
Salz & Pfeffer
Petersilie zum Garnieren

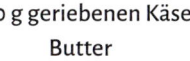

- ◆ Spargel schälen, holzige Teile entfernen. Spargel in Stücke schneiden und in reichlich Salzwasser 10 bis 15 Minuten garen. Abgießen und abtropfen lassen.
- ◆ Derweil Kartoffeln ungeschält 20 Minuten kochen. Abgießen und etwas abkühlen lassen, dann pellen und in Scheiben schneiden.
- ◆ Kartoffeln und Spargel in einer gefetteten Auflaufform schichten.
- ◆ Eier und Milch verquirlen und mit Salz und Pfeffer würzen, über das Gemüse geben. Mit Käse bestreuen und bei 200 °C für 30 Minuten im Ofen backen.
- ◆ In der Zwischenzeit Petersilie putzen, trocknen und hacken. Diese vor dem Servieren über das Gratin geben.

Möhrenpuffer mit Joghurt-Dip

600 g Möhren
200 g Kartoffeln
2 Frühlingszwiebeln
1 Ei
2 EL Mehl
200 g Joghurt
100 g Frischkäse
Zitronensaft
Cayennepfeffer
0,5 Bund Basilikum
Öl, Muskatnuss, Salz

- Für den Dip Joghurt mit Frischkäse vermengen und mit Salz, Zitronensaft und Cayennepfeffer würzen. Basilikum waschen, trocknen und in Streifen schneiden, zum Dip geben.
- Für die Puffer Möhren und Kartoffeln schälen und grob raspeln. Frühlingszwiebeln putzen und in Ringe schneiden. Alles vermengen, Ei und Mehl zugeben, mit Salz und Muskat würzen und gründlich vermengen.
- Öl in einer Pfanne erhitzen, jeweils einen EL der Masse hineingeben und flach drücken. Bei mittlerer Hitze auf jeder Seite etwa 3 Minuten braten. Die goldbraunen Puffer auf einem Küchenpapier kurz abtropfen lassen. Mit dem Dip servieren.

Scheerkohl

Scheerkohl ist heute ein fast vergessenes Gemüse, dabei erfreuten er und seine Varianten sich noch in den 1960er-Jahren großer Beliebtheit. Der Scheerkohl ist eine regionale Variante des Rapses, die vor allem in Bremen und Ostfriesland angepflanzt wurde. Früh geerntet ist er mild und sehr zart, später geerntet wird er kohlartig und entwickelt eine gewisse Schärfe. Wer den Erntezeitpunkt selbst bestimmen will, kann Scheerkohl in der frostfreien Zeit ganz einfach im eigenen Garten anbauen, aber auch auf Wochenmärkten ist er wieder vermehrt zu finden.

Scheerkohl

1 kg Scheerkohl
1 Zwiebel
30 g Hafergrütze
Butter
Muskatnuss
1 Prise Zucker
Salz & Pfeffer

- Kohl putzen, trocknen und hacken.
- Zwiebel pellen und würfeln. In etwas Butter andünsten und so viel Kohl zugeben, wie in den Topf passt. Kurz andünsten, dann mit etwas Wasser ablöschen. Kohl zerfallen lassen und nach und nach frischen Kohl zugeben, diesen ebenso zerfallen lassen.
- Die Hafergrütze zugeben und unterrühren. Etwa 1 Stunde köcheln lassen.
- Den Kohl mit Salz und einer Prise Zucker sowie nach Belieben mit Pfeffer und etwas Muskat abschmecken.

Dazu passen Kartoffeln.

Rote Bete mit Radieschen und Walnüssen

800 g Rote Bete
3 EL Olivenöl
80 g Walnusskerne
1 Bund Radieschen
150 g Feta
10 g Kräuter (nach Belieben)
2 EL Balsamico-Essig
Kardamom
Kreuzkümmel
Zimt
Salz & Pfeffer

- ◆ Rote Bete schälen und würfeln. Mit Öl mischen und mit Salz, Pfeffer, je einem halben TL Kardamom und Kreuzkümmel sowie einer Prise Zimt würzen. In eine Auflaufform geben und bei 200 °C etwa 40 Minuten im Ofen backen.
- ◆ Derweil die Walnüsse hacken. Radieschen putzen und halbieren. Feta zerbröseln, Kräuter putzen, trocknen und fein hacken.
- ◆ Rote Bete aus dem Ofen nehmen und vor dem Servieren mit Essig beträufeln sowie mit Nüssen, Feta, Radieschen und Kräutern bestreuen.

Gemüsestäbchen

700 g Kartoffeln
100 g Erbsen
100 g Mais
1 Möhre
6 EL Speisestärke

Paniermehl
Öl
Salz & Pfeffer
nach Belieben: Kräuter

- Kartoffeln ungeschält 20 Minuten kochen, abkühlen lassen, pellen und grob zerstampfen.
- Derweil Möhren schälen und grob raspeln. Mit Erbsen und Mais vermengen und so unter die zerstampften Kartoffeln geben. Mit Salz und Pfeffer abschmecken, nach Belieben auch Kräuter zugeben. Dann die Speisestärke zum Binden hinzufügen.
- Die Gemüsemasse in Stäbchenform bringen und in Paniermehl wenden, ggf. Paniermehl leicht andrücken.
- Die Stäbchen in etwas Öl auf beiden Seiten oder noch besser rundherum anbraten und goldbraun servieren.

Dazu passt zum Beispiel ein frischer Salat,
Gemüse oder ein Dip.

Möhren haben viele Namen: Ob Karotte, Rübe oder Wurzel – Möhren sind lecker und beliebt. Und gesund sind sie noch dazu. Das Beta-Carotin ist gut für die Sehkraft, aber auch für die Haut und sogar für die Abwehrkräfte. Allerdings kann es nicht so leicht vom Körper aufgenommen werden, am besten, wenn das Gemüse gegart ist und mit etwas Fett gegessen wird. Gegessen wird bei der »Wuddel«, wie man op Platt sagt, übrigens meist tatsächlich nur die (Pfahl-)Wurzel der Pflanze.

Möhrenlachs ohne Fisch

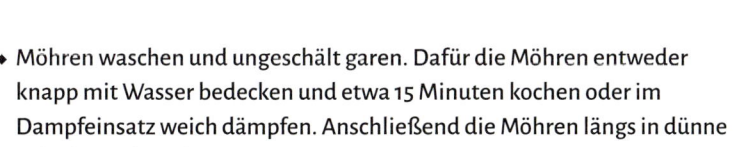

4 Möhren (möglichst dicke)
2–3 EL Öl (z. B. Rapsöl)
1,5 TL Senf
1,5 TL Paprikapulver (geräuchert)
1,5 TL Rauchsalz
1,5 EL Zitronensaft
1,5 EL getrocknete Algen (Flocken)
etwas Dill

◆ Möhren waschen und ungeschält garen. Dafür die Möhren entweder knapp mit Wasser bedecken und etwa 15 Minuten kochen oder im Dampfeinsatz weich dämpfen. Anschließend die Möhren längs in dünne Scheiben schneiden.

◆ Für die Marinade die restlichen Zutaten vermengen. Möhrenscheiben darin einlegen und 2 bis 3 Tage im Kühlschrank ziehen lassen.

Den Möhrenlachs wie klassischen Räucherlachs einfach auf Brot genießen oder mit Kartoffeln servieren.

Kartoffelgratin
mit Grünkohl und
Roter Bete

800 g Kartoffeln
450 g Rote Bete
450 g Grünkohl
1 Ei
100 ml Milch
100 ml Sahne
Gemüsebrühe
200 g Käse
Muskatnuss
Salz & Pfeffer

- Grünkohl putzen, grob hacken und kurz blanchieren. Kartoffeln und Rote Bete schälen und würfeln. Das vorbereitete Gemüse mischen und mit Salz, Pfeffer und Muskat würzen, in eine Auflaufform geben.
- Sahne mit Milch, Ei und etwas Gemüsebrühe verrühren und über dem Gemüse verteilen, dann mit geriebenem Käse bestreuen.
- Bei 220 °C zugedeckt für 60 Minuten im Ofen backen. Damit der Käse schön braun wird, danach die Abdeckung entfernen und noch einmal 10 Minuten backen.

Ofenkohlrabi mit würzigem Rote-Bete-Reis

2 Schalotten	600 g Kohlrabi
250 g Reis	20 g Pistazienkerne
1 TL Koriander	1 unbehandelte Zitrone
0,5 TL Kreuzkümmel	250 g Baby-Spinat
0,5 TL Kurkumapulver	300 g Rote Bete (vorgegart)
0,5 TL Garam Masala	Olivenöl, Öl
250 ml Gemüsebrühe	Chilipulver, Salz & Pfeffer

- Schalotten pellen und fein würfeln, in etwas Öl andünsten. Koriander, Kreuzkümmel, Kurkuma und Garam Masala zugeben, kurz dünsten. Den Reis zugeben und ebenfalls kurz andünsten. 250 ml Gemüsebrühe und 250 ml Wasser zugeben. Zugedeckt etwa 30 Minuten köcheln lassen.
- Derweil Kohlrabi schälen und in Scheiben schneiden. Diese mit etwas Olivenöl bestreichen, mit Salz, Pfeffer und Chilipulver würzen und auf ein Backblech mit Backpapier geben. Bei 200 °C etwa 20 Minuten im Ofen backen. Wenden und nochmals für 5 Minuten in den Ofen geben.
- Die Pistazien hacken, die Zitrone heiß abspülen und die Schale abreiben, den Saft auspressen. Zitronenschale, 2 EL Zitronensaft und die Pistazien in etwas Öl kurz anbraten. Mit Salz und Pfeffer würzen.
- Spinat putzen, die Rote Bete würfeln. In etwas Öl kurz anbraten. Mit Salz, Pfeffer und 2 EL Zitronensaft würzen. Den Spinat zugeben und zusammen-fallen lassen. Den Reis unterheben, alles mit Salz und Pfeffer abschmecken.
- Kohlrabi mit dem Reis auf Tellern anrichten und die Pistazienmischung darübergeben.

Für Sonntage

Blumenkohlsteaks mit Linsen und Pflaumensoße

150 g Beluga-Linsen
1 Blumenkohl
7 Pflaumen
1 rote Zwiebel
1 EL Sojasoße
Olivenöl
Kreuzkümmel
Paprikapulver
Kurkuma
Thymian
Salz & Pfeffer
nach Belieben: Blaumohn

- Linsen mit einem Viertel TL Kreuzkümmel in reichlich kochendem Wasser etwa 20 Minuten bei kleiner Hitze garen. Derweil den Blumenkohl putzen und in etwa 1 cm dicke Scheiben schneiden.
- 2 EL Öl mit je einem Viertel TL Paprika- und Kurkumapulver verrühren, mit Salz und Pfeffer würzen. Die Blumenkohlscheiben auf ein Backblech mit Backpapier geben, Marinade darauf verteilen. Bei 200 °C für 15 bis 20 Minuten im Ofen backen.

- In der Zwischenzeit die Pflaumen waschen, Steine entfernen und in Spalten schneiden. Zwiebel pellen, halbieren und in Streifen schneiden. Beides bei mittlerer Hitze in etwas Öl etwa 5 Minuten anbraten, dann mit Sojasoße ablöschen. 2,5 EL Wasser zugeben und kurz köcheln lassen. Soße mit Salz, Pfeffer und etwas Thymian würzen.
- Die fertigen Linsen mit nochmals einem Viertel TL Kreuzkümmel sowie mit Salz und Pfeffer würzen.
- Die Blumenkohlscheiben aus dem Ofen nehmen, mit Linsen anrichten und Pflaumensoße dazugeben.
- Nach Belieben mit etwas Blaumohn bestreuen.

Sonntagsspargel
flämischer Art
oder mit
holländischer Soße

2 kg Spargel
Zucker
Salz

für die flämische Art

6 Eier
80 g Butter
Senfpulver oder Senf
Muskatnuss
Zucker
Salz & Pfeffer

für die holländische Soße

120 g Butter
3 Eigelb
3 EL Weißwein
Zitronensaft
Salz & Pfeffer

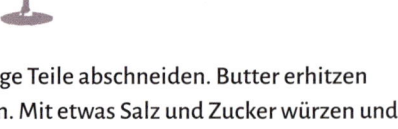

◆ Spargel putzen und schälen, holzige Teile abschneiden. Butter erhitzen und den Spargel in den Topf geben. Mit etwas Salz und Zucker würzen und etwa 300 ml Wasser zugeben. Aufkochen und zugedeckt 20 Minuten gar dünsten.

Für die flämische Art

derweil die Eier hart kochen, abschrecken und pellen. Eigelb und Eiweiß trennen. Das Eiweiß hacken und beiseitestellen, das Eigelb durch ein feines Sieb streichen. Die Butter erhitzen und das Eigelb hineinrühren, mit Salz, Pfeffer und etwas Muskat würzen, mit etwas Senf(pulver) abschmecken. Die Soße warmhalten und mit dem gehackten Eiweiß über den Spargel geben.

Für die holländische Soße

die Butter erhitzen, dann etwas abkühlen lassen. Die Eigelbe und 1 EL Wasser kräftig verquirlen und 3 EL Weißwein unterrühren. In einer Schüssel in ein heißes Wasserbad geben und darin so lange rühren, bis die Soße cremig ist. Aus dem Wasserbad nehmen und langsam die Butter einrühren, mit Salz, Pfeffer und etwas Zitronensaft abschmecken.

Wirsingrouladen ohne Fleisch

150 g rote Linsen
1 Zwiebel
2 Möhren
200 ml Gemüsebrühe
100 ml Orangensaft
8 Wirsingblätter
Öl
Salz & Pfeffer

- Linsen waschen, Zwiebel pellen, Möhren schälen. Zwiebel und Möhren fein würfeln und in etwas Öl anbraten. Linsen zugeben. Mit Gemüsebrühe und Orangensaft ablöschen. Aufkochen und bei milder Hitze etwa 10 Minuten die Flüssigkeit verkochen lassen. Mit Salz und Pfeffer würzen.
- Die Wirsingblätter waschen und in kochendem Salzwasser kurz blanchieren, dann trocknen und die Wirsingblätter mit der Linsenmasse füllen und aufrollen. In eine gefettete Auflaufform legen und etwa 20 Minuten bei 180°C in den Ofen geben.

Zu den Rouladen passen Knödel und Rotkohl.

Kartoffelstrudel

150 g Mehl
800 g Kartoffeln
1 TL Kümmel
1 Stange Lauch
1 TL Koriandersaat
0,5 TL Chiliflocken
50 g Backpflaumen,
150 g Taleggio-Käse
5 Stiele glatte Petersilie
2 EL Semmelbrösel
0,5 TL Schwarzkümmel
Mehl, Öl, Butter, Salz

- Mehl, 75 ml Wasser, 1 EL Öl und Salz verkneten, den Teig abgedeckt 1 Stunde ruhen lassen.
- Ungeschälte Kartoffeln mit dem Kümmel in Salzwasser gar kochen, anschließend abkühlen lassen, pellen und würfeln. Lauch putzen, längs halbieren und in etwa 1 cm breite Stücke schneiden.
- Koriander und Chili im Mörser fein mahlen und mit 0,5 TL Salz mischen.
- Kartoffeln in etwas Butter goldbraun anbraten. Den Lauch zugeben und kurz mitbraten. Mit der Koriander-Chili-Mischung abschmecken. Abkühlen lassen.
- Backpflaumen und Taleggio in Stücke schneiden. Petersilie putzen, trocknen und hacken. Alles zu den Kartoffeln geben und untermengen.

- Etwas Butter zerlassen. Den Strudelteig trocken tupfen und auf ein großes mit Mehl bestäubtes Küchenhandtuch geben. Dünn ausrollen, bis der Teig etwa 50 x 45 cm groß ist. Teig mit einem Teil der zerlassenen Butter einstreichen und Semmelbrösel darauf streuen. Kartoffelfüllung auf den Teig geben, dabei einen breiten Rand lassen. Mithilfe des Küchentuchs den Strudelteig zunächst an den Längsseiten über die Füllung klappen, dann von der schmalen Seite aus den Strudel aufrollen. Auf ein Backblech mit Backpapier geben, mit der restlichen Butter bestreichen und mit Schwarzkümmel bestreuen. Bei 180 °C etwa 45 Minuten im Ofen backen.

Dazu passt ein frischer Salat.

Grünkohl
ohne Fleisch

1 kg Grünkohl
1 kg Kartoffeln
100 g Zwiebeln
400 g Räuchertofu
400 ml Gemüsebrühe
Butter
10 EL Senf
Salz & Pfeffer

- ◆ Kohl waschen und entstielen. Zwiebeln pellen und würfeln, in etwas Butter glasig anschwitzen, Kohl zugeben und ebenfalls andünsten. Gemüsebrühe zugeben, 45 Minuten köcheln lassen.
- ◆ Kartoffeln schälen und würfeln, Räuchertofu ebenfalls würfeln. Tofu kross anbraten. Kartoffelwürfel zum Kohl geben und weitere 20 Minuten kochen. Räuchertofu zugeben und nochmal 15 Minuten kochen lassen.
- ◆ Mit Salz und Pfeffer würzen und mit Senf abschmecken.

Dazu passen Kartoffeln.

Gefüllte Kohlrabi-Körbchen

4 Kohlrabi (mit Grün)
3 Frühlingszwiebeln
1 Knoblauchzehe
50 g Walnusskerne
150 g Schafskäse
3 Scheiben Brot (vom Vortag)
2 EL Rapsöl
1 Bund Basilikum
1 Ei
Salz & Pfeffer
saure Sahne

- ◆ Kohlrabiblätter abtrennen und beiseitelegen. Kohlrabi schälen und quer halbieren. Die Hälften mit einem Kugelausstecher bis auf einen Zentimeter Rand aushöhlen. Den ausgestochenen Teil hacken.
- ◆ Frühlingszwiebeln putzen und in feine Ringe schneiden. Knoblauch pellen und fein hacken. Walnüsse hacken. Den Schafskäse und das Brot würfeln. Alles in eine Schüssel geben und mit dem Öl vermengen.
- ◆ Basilikum und Kohlrabiblätter waschen, trocknen und grob hacken. Ei zugeben und alles im Mixer pürieren, dann unter die Kohlrabimasse mischen und mit Salz und Pfeffer würzen.

- Die Kohlrabikörbchen innen salzen und pfeffern. Kohlrabimasse hineingeben und die Körbchen auf ein Backblech mit Backpapier setzen. Bei 180 °C für 30 Minuten im Ofen backen.
- Vor dem Servieren einen Klecks saure Sahne auf die Körbchen geben.

»Beet« Wellington
ohne Fleisch

15 g getrocknete Steinpilze
8 Rote Beten
4 EL Olivenöl
600 g braune
Champignons
2 Schalotten
1 Knoblauchzehe
0,5 Bund Petersilie
500 g Blattspinat

1 EL Senf
2 EL Honig
1 Pck. Filo- oder Yufkateig
5 EL Milch
2 EL Butter
1 Ei
150 g saure Sahne
1 EL Zitronensaft
Salz, Pfeffer & Zucker

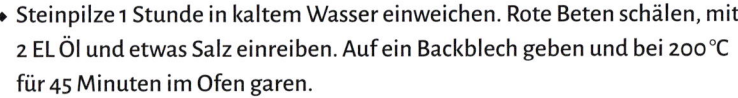

- Steinpilze 1 Stunde in kaltem Wasser einweichen. Rote Beten schälen, mit 2 EL Öl und etwas Salz einreiben. Auf ein Backblech geben und bei 200 °C für 45 Minuten im Ofen garen.
- Derweil die Champignons putzen und fein hacken. Schalotten und Knoblauch pellen und fein würfeln. Spinat putzen. Die Pilze in etwas Öl gut braten. Nach etwa 8 Minuten Schalotten und Knoblauch sowie den Spinat zugeben. Spinat bei mittlerer Hitze zerfallen lassen.
- Petersilie waschen, trocknen und hacken. Steinpilze ausdrücken und fein hacken. Mit Senf, Honig und Petersilie unter die Champignon-Mischung rühren. Mit Salz und Pfeffer abschmecken.

- Milch und Butter erhitzen. Für die »Beet«-Rollen ein Teigblatt dünn mit der Milch-Butter-Mischung bestreichen. Ein zweites Teigblatt leicht versetzt darauflegen und ebenfalls bestreichen. So 4 Blätter verarbeiten. Einen Teil der Pilzmasse in der Mitte der Teigblätter verteilen und 4 Rote Beten daraufsetzen. Weitere Pilzmasse auf die Beten geben und andrücken. Die Beten dann in den Teig einschlagen, Teig aufrollen. Auf gleiche Weise die zweite Rolle formen.
- Die »Beet«-Rollen auf ein Backblech mit Backpapier geben, Ei verquirlen und die Rollen damit bestreichen. Bei 200 °C etwa 30 Minuten im Ofen backen.
- Derweil die saure Sahne mit dem Zitronensaft vermischen. Mit Salz, Pfeffer und etwas Zucker abschmecken und zum »Beet« Wellington servieren.

Glaciertes Wintergemüse an getrüffeltem Kartoffelgratin

2 Knoblauchzehen	Butter
400 ml Sahne	Rohrzucker
4 Zweige Thymian	1 Chilischote (getrocknet)
1 kg Kartoffeln	0,5 Vanilleschote
50 g Parmesan	Zitronensaft
80 ml Trüffelöl	Senf
250 g Schwarzwurzel	Muskatnuss
250 g Rosenkohl	Salz & Pfeffer
250 g Möhren	

- Knoblauch pellen und in Scheiben schneiden, Thymian waschen und trocknen. Die Sahne erhitzen, Knoblauch und Thymian zugeben, vom Herd nehmen und 10 Minuten zugedeckt ziehen lassen. Derweil Kartoffeln schälen und fein hobeln, Parmesan reiben.
- Knoblauch und Thymian aus der Sahne nehmen, diese erneut erhitzen. 2 TL Senf unterrühren und mit Salz, Pfeffer und Muskat abschmecken, Trüffelöl unterrühren. Kartoffeln und Parmesan mit der Soße vermengen, auf ein gefettetes Backblech geben und bei 180 °C für 50 Minuten im Ofen backen.

- Schwarzwurzel putzen und würfeln, in kochendes Wasser geben und 10 Minuten zugedeckt garen. Danach abgießen, kalt abschrecken und etwas abkühlen lassen. Rosenkohl putzen, Möhren schälen. Rosenkohl in Salzwasser 8 Minuten kochen, Möhren 5 Minuten bissfest dämpfen oder kochen. Beides abschrecken und abtropfen lassen. Schwarzwurzel pellen.
- Etwas Butter in einer Pfanne erhitzen, etwas Rohrzucker, Chilischote und Vanilleschote zugeben. Gemüse ebenfalls zugeben und kurz karamellisieren. Schoten entfernen und mit Salz, Pfeffer und etwas Zitronensaft abschmecken.
- Gratin und Gemüse gemeinsam anrichten.

Dazu passt ein Salat.

Aus dem Obstgarten

Rote Grütze

1 kg rote Früchte
(zum Beispiel Johannisbeeren,
Himbeeren, Erdbeeren,
Sauerkirschen)
250 ml Kirschsaft
65 g Sago (alternativ 3 EL Speisestärke)
100 g Zucker

- Früchte putzen und ggf. entsteinen. Mit Kirschsaft und Zucker mischen und aufkochen. Anschließen durch ein Sieb abgießen, den Saft dabei auffangen.
- Saft in einen Topf geben und mit Sago mischen. 20 Minuten unter Rühren köcheln lassen. Die Früchte zugeben und nochmal 5 Minuten köcheln lassen. Den Zucker unterrühren und abkühlen lassen.

Dazu passt eine Vanillesoße.

Oft wird **Rhabarber** für Süßspeisen verwendet
und darum als Obst verstanden, tatsächlich handelt es sich
bei dem mit dem Sauerampfer verwandten Knöterichgewächs
aber um ein Gemüse. Da Rhabarber viel Oxalsäure enthält, sollte
er am besten gegart oder gekocht genossen werden, davor sollte
man die Blätter entfernen und die Stiele schälen. Besonders
bekömmlich – und lecker sowieso – ist Rhabarber übrigens,
wenn man ihn mit Milchprodukten genießt.

Rhabarberkompott mit Quarkschaum

600 g Rhabarber
350 g Zucker
100 ml Weißwein
1 Prise Zimt
2 Eiweiß
1 Prise Salz
150 ml Schlagsahne
400 g Magerquark
1 unbehandelte Zitrone
nach Belieben: Minze

◆ Rhabarber putzen und schräg in dünne Scheiben schneiden. Mit 200 g Zucker in einen Topf geben und zum Kochen bringen. Wein und Zimt zugeben und etwa 5 Minuten bei mittlerer Hitze köcheln, anschließend abkühlen lassen.

◆ Das Eiweiß mit einer Prise Salz sowie die Sahne mit dem Vanillezucker steif schlagen.

◆ Zitrone heiß abwaschen und Schale abreiben. 1 gehäuften TL der Zitronenschale mit 150 g Zucker unter den Quark rühren. Sahne und Eischnee unter die Quarkmasse heben.

◆ Kompott in Schälchen geben, Quarkschaum darauf verteilen, nach Belieben vor dem Servieren mit Minze dekorieren.

Quarkklümpjes mit Birnen

9 Scheiben Toast
300 g Magerquark
1 Pck. Vanillezucker
Zucker
Butter
1 Ei
3 Birnen
2 EL Zitronensaft

- ◆ Von 5 Toastscheiben die Rinde abschneiden und beiseitelegen, Brot fein würfeln. Magerquark, Vanillezucker, 3 EL Zucker, 1 EL weiche Butter, Ei und die Toastwürfel verrühren. Die Masse 30 Minuten kalt stellen.
- ◆ Derweil Birnen schälen, entkernen und in grobe Stücke schneiden. 100 ml Wasser, Zitronensaft und 1 EL Zucker in einem Topf mischen, Birne zugeben, aufkochen und zugedeckt etwa 20 Minuten bei leichter Hitze garen.
- ◆ Die Toastrinde und die übrigen Toastscheiben ebenfalls fein würfeln. In etwas Butter rösten.
- ◆ In einem großen Topf reichlich Salzwasser zum Kochen bringen. Aus der Quarkmasse die Klümpjes formen und im Wasser bei milder Hitze 8 Minuten garziehen lassen.
- ◆ Die fertigen Klümpjes abschöpfen und abtropfen lassen, in den gerösteten Toastbröseln wälzen. Mit dem Birnenkompott servieren.

Quarkcreme mit Kirschen

100 g gehobelte Mandeln
200 ml Schlagsahne
1 Pck. Vanillezucker
250 g Magerquark
200 g Frischkäse
400 g Kirschen
85 g Zucker
Salz

- Mandeln in einer Pfanne goldbraun anrösten.
- Kirschen waschen und entsteinen (alternativ Kirschen aus dem Glas gut abtropfen lassen).
- Sahne mit dem Vanillezucker steif schlagen. Quark und Frischkäse mit Zucker und einer kleinen Prise Salz vermengen, Sahne unterheben.
- Die Quarkmasse in eine Schüssel geben und die Kirschen darüber verteilen oder leicht unterrühren. Vor dem Servieren mit den Mandeln bestreuen.

Das **Alte Land**, bekannt für sein wunderbares Obst und natürlich die zugehörige Obstblüte, liegt direkt an der Elbe und vor den Toren Hamburgs. Mit rund 10.000 Hektar ist es Nordeuropas größtes zusammenhängendes Obstanbaugebiet, aus dem vor allem leckere Äpfel, aber auch Birnen, Süß- und Sauerkirschen sowie Pflaumen und Zwetschen kommen. Rund 17 Millionen Obstbäume bringen eine jährliche Ernte von etwa 250.000 Tonnen Obst.

Obstkuchen
»Altes Land«

250 g Butter
175 g Zucker
2 Pck. Vanillezucker
2 Ei
350 g Mehl
2 TL Backpulver
Obst nach Belieben
(z. B. Kirschen oder
Äpfel, Pflaumen, Beeren
oder auch Rhabarber)

- 150 g Butter, 100 g Zucker und 1 Pck. Vanillezucker schaumig rühren. Eier zugeben und erneut rühren, zuletzt 200 g Mehl und Backpulver mischen und unterrühren.
- Teig in eine gefettete Springform geben und verteilen, Rand ein kleines Stück höher formen.
- Für die Streusel 150 g Mehl, 75 g Zucker, 1 Pck. Vanillezucker und 100 g Butter verkneten.
- Das Obst waschen (ggf. schälen, entkernen oder entsteinen) und zerkleinern. Großzügig auf den Boden geben. Den Streuselteig zwischen den Fingern zerreiben und die Streusel auf den Kuchen geben.
- Bei 160 °C etwa 60 Minuten backen im Ofen backen.

Edle Buttermilchcreme

150 ml Sahne
250 ml Buttermilch
100 g Magerquark
110 g Rohrzucker
Zitronensaft
40 g Baiser
8 Melissenblätter
300 g Erdbeeren
1 Stängel Waldmeister

- Buttermilch und Quark mit 40 g Zucker und etwas Zitronensaft verrühren. Sahne steif schlagen, Baiser zerbröseln und beides unter die Buttermilchcreme heben. In Schälchen füllen und zugedeckt für etwa 2 Stunden kalt stellen.
- Melissenblätter fein hacken. 40 g Zucker karamellisieren, Melisse zugeben. Masse auf ein Backpapier gießen und abkühlen lassen.
- Erdbeeren putzen und in Scheiben schneiden, mit 30 g Zucker, Waldmeister und etwas Zitronensaft mischen. 15 Minuten ziehen lassen.
- Melissenkrokant fein hacken. Erdbeeren (ohne den Waldmeister) auf die Creme geben und Krokant darüber streuen.

Süßes Rhabarbergratin

500 g Rhabarber
4 Scheiben Toastbrot
300 ml Schlagsahne
4 Eier
1 Msp. Zimt
4 EL Vanillezucker
Butter
Puderzucker

- Rhabarber putzen und auf die Größe der Auflaufform zuschneiden. Form mit Butter fetten. Toastscheiben diagonal zu Dreiecken halbieren und aufgestellt abwechselnd mit dem Rhabarber in die Form geben.
- Sahne mit Eiern, Zimt und Vanillezucker verrühren, die Soße in die Form geben.
- Bei 180 °C für 20 bis 25 Minuten im Ofen goldbraun backen.
- Vor dem Servieren mit Puderzucker bestäuben.

Apfel ist nicht gleich Apfel! Allein im Alten Land werden die Sorten Boskoop, Braeburn, Elstar, Gala, Holsteiner Cox, Jonagold, Kanzi, Mond- und Herzapfel, Red Topaz Rockit, Santana und Wellant angebaut, rund 20.000 Sorten gibt es weltweit. Essen sollte man Äpfel am besten immer mit Schale, denn in der stecken 70 Prozent der vielen, vielen Vitamine, Spurenelemente und Mineralstoffe.

Apfelküchlein

50 ml Milch
1 Ei
5 EL Mehl
Zucker
Salz
2 säuerliche Äpfel
2 EL Butterschmalz
Zimt
Crème fraîche

- Milch und Ei verquirlen. Mehl, 1 EL Zucker und eine Prise Salz mischen und langsam mit der Milch verrühren, bis ein glatter Tag entsteht.
- Äpfel schälen und entkernen, in feine Scheiben schneiden und mit dem Teig vermischen.
- Butterschmalz in einer Pfanne erhitzen. Je Küchlein etwa einen EL des Teigs in die Pfanne geben und goldbraun backen.
- 2 EL Zucker mit einem halben TL Zimt mischen und vor dem Servieren auf die Apfelküchlein geben.

Dazu einen Klecks Crème fraîche anbieten.

Bratäpfel

4 große Äpfel
50 g Mandelsplitter
50 g Rosinen
4 TL Aprikosenmarmelade
1 Prise Zimt
Butter
1 EL Speisestärke
1 Eigelb
500 ml Milch
20 g Zucker
1 TL Vanillezucker

- ◆ Äpfel waschen, das Kerngehäuse herausstechen. Mandeln, Rosinen, Marmelade und Zimt vermischen, die Masse in die Äpfel geben, mit einem Löffel fest hineindrücken.
- ◆ Eine Auflaufform fetten und die gefüllten Äpfel hineingeben. Auf jeden Apfel noch ein Stückchen Butter geben. Im Backofen bei 200 °C etwa 25 Minuten backen.
- ◆ Derweil Speisestärke und Eigelb in 2 EL kalter Milch anrühren. Die restliche Milch mit Zucker und Vanillezucker zum Kochen bringen. Die Speisestärkemasse unter Rühren zugeben und kurz aufkochen.
- ◆ Äpfel aus dem Ofen nehmen und mit der Soße noch warm servieren.

Hagebutten

Hagebutten lassen sich im Herbst oft einfach auf Spaziergängen in der Natur sammeln – und die »Mühe« lohnt sich, denn die roten Früchte stecken voller Vitamine. Trotzdem ist Vorsicht geboten, denn schon Kinder wissen, dass sich aus den in der Sammelfrucht enthaltenen »Nüsschen« hervorragend Juckpulver machen lässt – diese vor dem rohen Verzehr also unbedingt entfernen! Für die Zubereitung von Mus oder Marmelade ist das dagegen nicht nötig. Entfernte Kerne können zu einem gesunden und leckeren Tee zubereitet werden.

Marmelade aus Sanddorn oder Hagebutten

1 kg Sanddorn (oder alternativ Hagebutten)
100 ml Orangensaft (zu Hagebutten Apfelsaft)
500 g Gelierzucker (2:1)
Marmeladengläser (zur Vorbereitung sterilisieren)

- Sanddornbeeren waschen und abtropfen, anschließend mit dem Orangensaft in einen Topf geben und bei geringer Hitze für etwa 20 Minuten köcheln lassen.
- Die gekochten Beeren durch ein feines Sieb streichen, das Mus auffangen und mit dem Gelierzucker verrühren. Erneut bei mittlerer Hitze aufkochen und etwa 5 Minuten köcheln lassen.
- 2 TL der Masse auf einen kleinen Teller geben. Wird die Masse nach etwa 2 Minuten fest, Marmelade in die vorbereiteten Gläser geben, ansonsten noch weitere 2 Minuten köcheln und erneut testen. Gläser verschließen und für 10 Minuten auf den Kopf stellen.

Alternativ zu Sanddorn kann die Marmelade auch mit
Hagebutten zubereitet werden. Dazu ebenso verfahren,
statt Orangensaft jedoch Apfelsaft verwenden.

Frisch vom Feld

ein regionaler Saisonkalender

	Januar	Februar	März	April	Mai	Juni
Äpfel						
Birnen						
Blumenkohl					●	●
Bohnen						
Erbsen						●
Grünkohl	●					
Hagebutten	●					
Holunder						
Kartoffeln						●
Kirschen						
Kohlrabi						●
Lauch	●	●	●	●	●	●
Möhren						
Queller					●	
Radieschen					●	●
Rauke					●	●
Rhabarber				●	●	●
Rote Bete						●
Sanddorn						
Scheerkohl					●	●
Spargel				●	●	●
Spinat				●	●	●
Steckrüben						
Tomaten*						●
Waldmeister				●		
Wirsing						
Zwiebeln						

*aus geschütztem Anbau

Die Punkte zeigen, wann es was im Norden frisch vom Feld gibt.

Juli	August	September	Oktober	November	Dezember

Register

A

Apfelküchlein 117
Auflauf aus Möhren und Kohlrabi
    mit Kräuterquark 65

B

»Beet« Wellington ohne Fleisch 96
Blumenkohlsteaks mit Linsen
    und Pflaumensoße 84
Bratäpfel 119

E

Edle Buttermilchcreme 113
Einfache Erbsensuppe 21
Einfacher Möhrensalat 9

F

Feine Erbsen-Minz-Suppe 33
Fliederbeersuppe mit
    Grießklümpjes 31
Fruchtiges Kartoffelpüree mit
    Äpfeln oder Rhabarber 63

G

Gefüllte Kohlrabi-Körbchen 94
Gemüsekuchen mit Steckrüben
    und Lauch 53
Gemüsestäbchen 75
Glaciertes Wintergemüse an
    getrüffeltem Kartoffelgratin 98
Grünkohl-Lasagne 61
Grünkohl ohne Fleisch 92
Grünkohl-Wirsing-Gemüse mit
    Meerrettich 49

H

Heringssalat ohne Fisch 59

K

Kartoffelgratin mit Grünkohl
    und Roter Bete 79
Kartoffel-Radieschen-Salat 11
Kartoffelsalat 51
Kartoffelstrudel 90
Kartoffelsuppe 23
Kartoffel-Wirsing-Pfanne 45
Kirschsuppe mit Grießklümpjes 37
Kohlrabi-Reis mit Pinienkernen 57
Kohlrabisalat an Kresseschmand 17

L
Labskaus ohne Fleisch und Fisch 55
Lauwarmer Spargelsalat mit
    dicken Bohnen 13

M
Marmelade aus Sanddorn oder
    Hagebutten 121
Möhrenlachs ohne Fisch 77
Möhrenpuffer mit Joghurt-Dip 69
Möhrensuppe mit Sanddorn 29

O
Obstkuchen »Altes Land« 111
Ofenkohlrabi mit würzigem
    Rote-Bete-Reis 81

P
Petersiliencremesuppe 39

Q
Quarkcreme mit Kirschen 109
Quarkklümpjes mit Birnen 107
Queller-Salat 15

R
Rhabarberkompott mit
    Quarkschaum 105
Rote Bete mit Radieschen und
    Walnüssen 73
Rote-Bete-Püree mit Ei 47
Rote-Bete-Suppe 25
Rote Grütze 103

S
Scheerkohl 71
Schnüsch 43
Sonntagsspargel flämischer Art
    oder mit holländischer Soße 86
Spargelcremesuppe 35
Spargel-Kartoffel-Gratin 67
Spinatcremesuppe 27
Süßes Rhabarbergratin 115

W
Wirsingrouladen ohne Fleisch 88

Auf den Geschmack gekommen?

Noch mehr Leckereien mit Julia Beutling:

Fischer Fritzes frische Fische
Rezepte von der Waterkant
128 Seiten, Hardcover, € 16,90 [D]
ISBN 978-3-7961-1101-3

Knipp, Kohl & Klaben
Bremer Kult-Rezepte
128 Seiten, Hardcover, € 16,90 [D]
ISBN 978-3-7961-1046-7

In farbgewaltigen Bildern illustriert
Julia Beutling die Geschichte vom
Fischer und seiner Frau in der platt-
deutschen Originalfassung der Brüder
Grimm von 1812. Eine außergewöhnliche
Inszenierung des norddeutschen
Klassikers, die in keinem Bücherregal
fehlen sollte!

Von den Fischer un siine Fru
56 Seiten, Hardcover, € 12,90 [D]
ISBN 978-3-944552-04-0

Die Deutsche Nationalbibliothek verzeichnet diese Publikation in der
Deutschen Nationalbibliografie; detaillierte bibliografische Daten
sind im Internet über http://dnb.dnb.de abrufbar.

IMPRESSUM

© Carl Ed. Schünemann KG, Bremen

www.schuenemann-verlag.de

1. Auflage 2021

Nachdruck sowie jede Form der elektronischen Nutzung

– auch auszugsweise – nur mit Genehmigung des Verlages.

Illustrationen: Julia Beutling

Redaktion: Caroline Simonis

Satz und Buchgestaltung: Karin Hannemann

Gesamtherstellung: Carl Schünemann Verlag

Printed in EU 2021 │ ISBN 978-3-7961-1102-0

Besuchen Sie uns auch auf 🅾 Instagram und 🅕 Facebook!